M. C. DU COLLET

# Au Poste d'écoute

INTUITION — ORIENTATION

PARIS
LIBRAIRIE DE L'ART INDÉPENDANT
Gaston REVEL, Éditeur
81, RUE DAREAU, 81 (XIVᵉ)

MCMXVII

# AU POSTE D'ÉCOUTE

INTUITION — ORIENTATION

M. C. DU COLLET

# Au Poste d'écoute

## INTUITION — ORIENTATION

PARIS
LIBRAIRIE DE L'ART INDÉPENDANT
Gaston REVEL, Éditeur
81, RUE DAREAU, 81 (XIVᵉ)

MCMXVII

## AVANT-PROPOS

*Inclinée vers la terre en démence, je percevais, au milieu du fracas « de la guerre sans nom », les cris vengeurs, les appels déchirants, les lentes agonies des hommes enlisés, brûlés, mutilés, sanglants.*

*Dans l'impuissance désolante d'anéantir de telles souffrances, mon âme s'élevait suppliante, et puisait dans l'héroïsme resplendissant des victimes, les pensées préservatrices de nouveaux cataclysmes et la certitude d'une vie future compensatrice.*

M. C. DU COLLET.

Nice, *24 décembre 1916.*

# AU POSTE D'ÉCOUTE

## I

### INTUITION. — ORIENTATION

D'autres temps se sont levés; d'autres pensées surgissent de l'Océan de détresses qui nous submerge.

L'âme troublée, désorientée, accablée d'angoisse devant la mort obscure, recourt à l'Esprit, à la Lumière intérieure, afin d'atteindre des certitudes qui donnent un sens à la souffrance, un sens à l'existence terrestre.

Lumière intérieure, c'est-à-dire le point en soi, le point vital spirituel, « le poste d'écoute » où chacun peut prendre conscience de la faculté intuitive et en disposer afin d'interroger l'univers.

A l'aide de la raison seule, l'homme ne s'éclaire que d'une lumière plate, sans relief de l'Immatériel, de l'Invisible.

Quelle que soit l'autorité humaine, elle ne saurait se passer de la clarté intérieure ou vision des choses spirituelles.

Celle-ci sourd lentement de la vie douloureuse lorsque l'homme droit, scandalisé par le triomphe du mal, accablé de doute, de désespoir, de néant, assoiffé de vérité, la cherche, l'attire, l'appelle de toutes ses forces, afin de connaître la Loi suprême et de lui obéir.

L'éducation que nous basons sur la morale pure est froide, stérile. Peut-être satisfait-elle certains heureux à qui chaque jour apporte nécessaire et confort, sans lutte, ni concurrence, mais à la masse pauvre et travaillante, à ces créatures sur lesquelles s'acharne le malheur, enfin, au commun des mortels, il faut la croyance tangible en une vie compensatrice.

La raison ne peut conduire jusque-là; son action fléchit au seuil du plan invisible où s'alimente l'esprit, où nos actes trouvent une sanction équitable. La raison, faculté essentiellement terrestre, s'évanouit dans l'élan du sacrifice, la folie de l'enthousiasme qui transportent l'homme au-dessus de lui-même.

Est-ce la raison qui fait courir nos humbles soldats au-devant de la mort obscure?

Jeanne d'Arc se laissa-t-elle guider par la raison, en écoutant ses voix et revêtant l'armure de chevalier?

Le Christ, dans sa mission libératrice volontaire, s'inspira-t-il de la raison, et le sacrifice du Golgotha, illustration immortelle de sa parole, fut-elle œuvre raisonnable?

Certes, l'éducation doit être œuvre de raison; il est aussi indispensable qu'elle soit œuvre d'intuition : raison, intuition sont les extrémités d'une arche dont l'une pose sur le plan terrestre, et l'autre sur le plan invisible immédiat.

Les uns, stationnaires, s'arrêtent aux

abords de l'arche; d'autres, plus hardis, franchissent la courbe rédemptrice, et par des sentiers nouveaux, édifient l'œuvre de foi sans laquelle l'humanité se désagrège.

Préparons donc les âmes neuves, par la culture de l'intuition, au choix de la forme de Croyance, et, creusant à travers les obstacles, le sillon profond de notre effort, refoulons d'abord l'inertie, la plus dangereuse des forces contraires à l'avancement général.

L'inerte s'effraie de la vérité; il a peur de ce qui lui imposerait une attitude décisive, combattive ou seulement secourable.

Les inertes sont des satisfaits ou des

poltrons; larves du monde spirituel, vampires du monde matériel, ils résorbent le vouloir même de la lutte. Retranchés derrière le malfaisant « à quoi bon », ils propagent cet élément de recul et de mort, ce dissolvant rapide des meilleures dispositions.

Oui, ce qui s'appelle « bon sens » ou « raison » est trop souvent étayé de « l'A quoi bon », cran d'arrêt de tout développement. « A quoi bon lutter, puisque c'est écrit. »

Cependant, hors de la lutte, il n'y a ni vie matérielle, ni vie spirituelle. L'antagonisme des forces régit le mouvement, la vie universelle, la nôtre. La stagnation est le partage des âmes en léthargie, elles ne sont même pas un reflet de ciel, de lumière, ni même de paysage.

Au moyen de la faculté intuitive, nous marchons en sécurité, à la découverte des certitudes sur la vie future, car l'intuition est la raison de l'âme, elle surveille la recherche, dirige la pensée, dose le travail et la volonté.

La pensée est la Lampe ardente qui brûle au-dessus du pauvre amas humain;

elle sonde et scrute l'espace, poursuit des échanges incessants avec l'Ailleurs inconnu; elle s'inscrit en zig zags lumineux à travers l'éther, et par ses vibrations, en perpétuelle mise en œuvre crée sa vitalité et sa forme adaptable.

Deux sortes de pensée sont le privilège de l'homme : la pensée volatile et la pensée essence.

La pensée volatile se dilue en sa course imprécise :

Rapide, incohérente en ses voyages, butineuse d'espace, elle semble indépendante du corps, lequel remplit ses obligations sans interrompre l'inconscient va-et-vient...

Elle est l'aération de l'esprit.

La pensée essence s'impose, en une forme définie et lumineuse; la pensée volatile ne possède ni radiation ni vitalité, ni puissance. Ainsi doivent être, dans la vie continuée, certaines âmes de substance froide, délayée, incolore, cherchant forme, et d'autres de radiation puissante, de vitalité résistante ayant forme.

A mesure que la pensée s'élève, elle s'épure et se condense plus aisément, soit par l'étude, soit par les vibrations de charité et de compassion. Celui qui maintient sa pensée dans la recherche de la Vérité, et qui la projette en ondes puissantes sur les êtres malheureux, crée, autour de lui, une atmosphère plus claire qu'il discerne et redoute de troubler au contact du monde puéril ou méchant.

La Pensée n'est donc que vibration calorique ou lumineuse. La vibration est « l'agie » d'une infinitésimale portion de matière réelle, subtile, engendrant, sous l'impulsion vitale, un mouvement identique à lui-même.

Et, puisqu'il est prouvé qu'un appareil de poche « adapté » peut capter les vibrations de la T. S. F., pourquoi n'y aurait-il pas des êtres physiquement adaptés, doués de la faculté de capter certaines vibrations spatiales que nous appelons « l'au-delà »?

Nul doute que la science n'arrive à connaître et à disposer l'appareil.

L'inspiration n'est que l'emboîtement des vibrations appelantes avec les vibrations répondantes de l'espace. Ainsi envisagée, elle appartient à tout être intuitif, sans que celui-ci soit nécessairement génie ou surhomme.

S'il est vrai que nous soyons accessibles à des pensées supérieures à nous-mêmes, s'il est vrai que dans toute grande action, l'homme se dépasse, il y a donc pour nos facultés, un champ de déploiement invisible, mais sensible au tact spirituel où se produit le déclic « radio-électrique » de l'inspiration.

Toutefois, l'inspiration exige le concours de l'intuition pour régler et adapter l'œuvre de choix ;| l'une |et l'autre révèlent de manière différente, la certitude de la vie supérieure; ce que nous apporte l'inspiration nous étonne, la mémoire ne l'enregistre pas d'abord; ce que nous acquérons par l'intuition est notre bien personnel, nous l'avons trouvé, nous nous en souvenons.

L'Inspiration apporte de l'Invisible, l'intuition va chercher dans l'Invisible.

L'action pénétrante de l'Invisible se révèle dans les œuvres d'art, dans l'apostolat des grandes pensées humanitaires, dans la charité sans limites. Ce sont des vibrations de l'ordre le plus élevé qui font partie de l'harmonie universelle et s'en détachent pour animer l'esprit, le cœur et l'âme de ceux qui les appellent.

Trop mal outillé pour définir, en paroles articulées, ce que m'offre l'intuition, je vois dans la splendeur de l'Univers une Puissance ordonnatrice qui le maintient en équilibre, agit au-dessus du visible et bien au-delà de ma pensée. Dans l'incapacité de réaliser, j'élève mon esprit humilié, je me pénètre de l'Émanation créatrice, et me considérant moi-même comme une parcelle évoluante, j'enrichis mon âme de sentiments d'admiration, d'adoration, sans inquiétude du terme terrestre, ni du mystère qui nous environne.

Donc, en face de la Création, de son Harmonie, la même conclusion s'impose à tous : « Il y a une Puissance directrice, créatrice, invisible. »

Je ne vois pas cette Puissance, je vois son œuvre. Je ne vois pas non plus les sentiments, désirs, passions, mais je constate leur activité mystérieuse et féconde, leurs énergies bienfaisantes ou malfaisantes; j'ai l'intuition d'un foyer d'émanation comme j'ai l'intuition du Foyer qui régit le monde.

Bonds vertigineux de la pensée, pensées supérieures au pouvoir d'expression, intuitions fouissant l'espace, démontrent avec évidence le plan invisible où se déploie une vie moins matérielle.

De même, l'avidité de savoir, la poursuite acharnée de l'étude chez le vieillard, alors qu'il n'en peut tirer aucun avantage ici-bas, cette fièvre du mouvement de l'esprit répond à la loi de développement sans arrêt, c'est l'orientation intuitive vers la vie ascensionnelle continue.

Dans la perception des sons, à l'extrême limite des vibrations sensibles à l'oreille, la pensée prolonge ces vibrations, et l'esprit continue d'entendre ce que l'oreille refuse; il agit donc en un plan que nous n'avons guère exploré jusqu'ici.

Et si, adaptant cette perception particulière du son spatial à la culture de la voix, nous obtenons, par l'isolement de la pensée, pureté, ampleur du son et du même fait, ordre, harmonie dans l'organisme, c'est bien dans le plan invisible que nous avons puisé la Vérité.

Puisque nos pensées peuvent moissonner dans le plan invisible, inspirations, élans, enthousiasmes; puisque la loi du progrès de l'esprit se révèle par nos tendances; puisque l'esprit prolonge les vibrations que l'oreille ne capte plus; puisque l'intuition nous révèle l'agrandissement, la dilatation de l'âme, son expansion au-delà, l'Invisible vivant est formé vraisemblablement, de tourbillons entraînant les atomes identiques dans le mouvement vertigineux de la vie; tourbillons inférieurs formés de vices, de laideurs et d'obscurités, tourbillons épurés, lumineux, formés de vertus et de Beauté.

Tout n'est que vibration, et toute vibration se répercute.

Lorsque la mère aime son enfant, bien des années après sa mort, autant qu'elle l'a aimé aux plus heureux jours de tendresse, que sa pensée le fait participer à tout travail élevé, que son cœur se fond dans le souvenir, s'élance pour le ressaisir, que deviennent ces vibrations? Où est la lyre qui répond à ce chant de l'âme fervente ? Je le demande à ceux que la douleur atterre... et je leur dis : « La vibration trouve son répondant ou bien elle s'éteint. Puisque, sans cesse, elle se renouvelle, elle atteint mon enfant qui vit sous une forme, en un mode que je ne puis définir, mais il vit...

O joie immense, courage, mères désolées, ne cherchez pas vos enfants dans la forme que vous avez tenue dans vos bras, mais dans les vibrations de son âme, échangées avec les vôtres. Au-dessus de l'hommage des larmes à l'être disparu, s'élève en encens bienfaisant, l'élan continuel de votre amour vers son appel...

Que vos larmes soient désormais le don

de la matière à la matière, mais que la pensée dégage votre enfant de la forme que vous avez tenue dans vos bras, si vous voulez le percevoir autour de vous.

S'il y a une survie, de quelle manière y entrons-nous?

Comme nous entrons dans celle-ci, sans aucun doute; d'autres, partis avant nous, se chargent de notre inexpérience et nous éclairent.

Retournons-nous à notre source? Là n'est pas la question, nous ne pourrions, d'ailleurs, la résoudre. La grande Animation de toutes choses connaît seule notre

Destinée. Ce qu'il importe avant tout, au-dessus de tout, c'est d'éduquer l'âme de l'enfant, de l'amener à la croyance en une autre vie, sanction de celle-ci, d'éveiller son intuition par l'observation des phénomènes de la Nature.

Glorieuse tâche de la mère que cette préparation saine et simple à la pensée religieuse, à la prière d'élan, à l'adoption d'une forme de croyance nécessaire à la Société.

Avez-vous jamais songé, mères, à ce que serait l'enfant qui porterait en lui la lumière d'une âme ainsi orientée? Ah!

vous ne soignerez jamais assez les petits êtres qui croissent près de vous : pour faire lever le grain, il faut réaliser l'œuvre admirable de culture, c'est la beauté de la vie.

Dans l'âme humaine perfectible, il n'y a point de révolution, il y a évolution lente parfois cachée. Ayons le courage d'agir, de tendre, sans défaillance, la main au faible quel que soit notre écœurement à côtoyer toute bassesse et toute mesquinerie.

Il est l'heure d'éveiller le sens de la

responsabilité, de parler aux hommes des Lois qu'ils transgressent par malice ou par ignorance, d'avertir sans ambage, jeunes filles et jeunes gens du danger héréditaire, irrémédiable de certaines tares, si nous voulons être une race harmonieuse et forte.

Il ne s'agit plus, pour les parents, de mouler l'esprit de leur enfant sur leur esprit, son caractère sur leur caractère, mais d'étudier son âme, de donner jour à la faculté pour laquelle il est créé. Il faudra donc le présenter, dès l'âge le plus tendre, aux expériences de la vie dont il subira l'enseignement proportionné à son âge. Ce moyen désignera aux parents attentifs l'élément de culture.

Femmes droites et simples, éducatrices désintéressées, mères éprouvées et compréhensives, puisez en vous-même l'inspiration qui vous délivrera des gaînes étouffantes dans lesquelles nous avons végété. Apprenez à vivre... J'appelle vivre, lutter contre les mauvais courants, lutter par la pensée et l'acte, le sacrifice et l'exemple, afin de donner aux êtres la force de rester « soi » chacun dans sa sphère, de chercher la lumière en soi, d'extraire le sens profond de la vie, de se ressaisir dans le malheur, de vivre sans perte de vitalité, en dominant l'existence, sans orgueil, en créant, à mesure la résistance, l'énergie, forces inaccessibles aux turpitudes que la jeunesse saura regarder en face, sans troubler sa claire vision; vivre enfin pour activer la marche en avant, de l'humanité en laquelle il faut croire, malgré tout.

## II

### DE LA CONSCIENCE INTUITIVE

L'intuition offre à l'intelligence un horizon élargi où science, morale, religion sont une même chose. A l'aide de ses antennes subtiles et lumineuses, elle scrute l'invisible, éclaire le phénomène et devient « conscience intuitive ».

Celle qui préserve l'équilibre des facultés en leur marche progressive;

Celle qui dirige intelligence, imagination, volonté, dans le sens de la vie, telle qu'elle nous est imposée et s'harmonise cependant avec la vie supérieure de l'esprit;

Celle qui précise la réciprocité des

devoirs entre humains, trempe l'opinion dans la conviction intime et la libère de toute étreinte.

Car la conscience intuitive volontairement et pleinement active, isolée en son propre sillon, ne s'affirme le progrès que s'il découle du progrès précédent.

Aux heures passives, en dehors de l'activité pleine et personnelle, la faculté intuitive peut être stimulée par l'acquis, mais c'est en soi, monde infini que réside l'éternel trésor à découvrir; conscience juste, âme élevée et forte.

Hélas ! Trop d'échappatoires nous sollicitent, trop de découvertes scientifiques enchantent l'imagination et endorment l'âme. Sous leur prodigieuse buée, la vie intérieure s'efface; le rythme du dehors nous absorbe; l'homme n'entend plus le rythme du dedans.

L'équilibre, toutefois, ne peut subsister, si l'âme n'est à la hauteur de la science; pendant que celle-ci marche à pas de géant, la grandeur morale doit en régler les possibilités, de peur que l'homme n'en soit victime.

Mais guidée par l'intuition en une apothéose toujours grandissante, la science s'apprête à nous donner les lois psychologiques perçues par l'intuition, celles qui nous orientent dans le domaine de l'esprit.

L'enchaînement des faits et découvertes aboutit à cette loi et en découle, que tout effort crée une perturbation atomique; onde qui se propage, rebondit à travers les intelligences, en accélère les vibrations aptes à œuvrer et former les condensations de pensée ou jalons des recherches de l'homme.

L'expression habituelle : « Cette idée m'est venue, » est profonde et juste. l'idée abstraite, réalisée immédiatement ou mûrie en l'intelligence, vient de l'invisible. C'est une mystérieuse étincelle ou vibration qui frappe les cellules appelantes et les met en marche.

L'œuvre d'art en laquelle toutes les puissances de l'être sont en action, n'est autre que le déclic invisible développé en la forme. L'art n'est que de la science.

Mais une science d'équilibre, de beauté.

Ne saurait mériter notre admiration ce qui détruit, ce qui déséquilibre, ce qui dégrade l'homme, excite son égoïsme, et, au mépris de la loi de solidarité, interrompt le courant universel.

L'égoïste brise la chaîne des êtres; il absorbe la part d'autrui, il est hors la loi, il ne mérite pas de vivre.

L'égoïsme est le fruit de l'avidité, de la possession. L'homme qui combat pour l'idée, tel à la guerre, est volontiers héroïque, mais il faut prévoir le retour à la vie normale, lorsque l'exemple de tant de fortunes subites aura pénétré toutes les classes de son influence néfaste; que la soif d'argent, en une effervescence décuplée soulèvera des passions plus violentes et plus nombreuses, alors un autre cataclysme, celui de la désagrégation sociale achèverait notre ruine, si la conscience intuitive mûrie, développée ne dirige fermement les hommes vers la solidarité, élément primordial « unique » de la paix et de la prospérité générales.

C'est la conscience intuitive seule qui peut graver en chacun de nous, la loi de l'Inégalité.

Égaux en droits, égaux en aspirations,

mais facultés inégales, possibilités inégales ; telle est la loi terrestre, telle est la raison de l'effort.

Ainsi l'ordre social naît de la conscience intuitive ; chacun, de son propre foyer, émet des ondes veuillantes, mais soumises à la loi : ordre et soumission nobles, réfléchis, qui contiennent la personnalité tout en la développant.

C'est la conscience intuitive qui nous donne le respect de nous-même et d'autrui, qui fait naître et tient en éveil le sentiment de responsabilité indispensable à la vitalité d'un peuple.

La nécessité de développer l'intuition individuelle s'affirme donc, impérieuse. L'amélioration sociale ne peut provenir que de cette éducation. La vie dont le but est labeur, avancement, n'en sera pas moins un chemin d'épreuves, mais elle sera l'accomplissement de la Destinée en toute force et toute fermeté.

Le premier soin devrait être d'éclairer la conscience à fond, sans réserve, sans obéir à tel mot d'ordre, sans craindre l'anathème, car la vraie libération, c'est la conscience claire.

Rien que d'exister, la conscience claire projette des vibrations telles dans le monde obscur, que tacitement elle en est repoussée, non sans avoir laissé un rayon inquiétant et fructueux.

« Il faut être de son temps », disent-ils. Il n'y a pas de temps pour la vérité, ni pour la conscience; leur suppression, c'est le cataclysme.

La conscience intuitive anime le sens religieux, l'oriente vers l'adoration réalisée en telle ou telle forme de croyance, représentée par un chef digne d'une si haute mission; car, nous l'avons dit, la morale pure ou esprit de vertu est une visée insuffisante et trop abstraite pour la masse.

Nous avions cru que le Temple n'était pas utile à la prière; mais la prière en commun unit dans le Temple les vibrations humaines de foi et de confiance; elle les canalise, les fortifie.

Notre devoir est donc d'aider à remplir le Temple, de concourir à relever clochers et flèches qui symbolisent l'aspiration infinie de l'âme désespérée.

La prière est le prolongement de l'âme.

L'âme primitive s'adresse à l'image de Dieu.

L'âme mal éclairée s'adresse à un Dieu bon pour les uns, cruel pour les autres, afin de le rendre propice à ses vues.

L'âme avancée ne limite point sa vision, elle se considère comme une parcelle de l'univers, évoluant en une orbite déterminée.

Les premières sont de la bonne volonté en marche.

Les secondes sont les égarées.

Les âmes avancées font de leur vie un hommage incessant à Dieu; leurs pensées, leurs actions sont un reflet divin, leur exemple est autorité.

Elles sont la prière même; Tel fut le Christ. En résumant ce qui est dit de Jésus par la Tradition ou la philosophie, soit que nous l'envisagions comme le Fils de Dieu, soit comme messager divin ou symbole mystique, il demeure à nos yeux l'émanation la plus rapprochée, la plus parfaite de la Loi religieuse, morale et sociale.

Loi religieuse, parce qu'il a le culte de plus grand que Lui.

Loi morale, parce qu'il s'immole pour le triomphe de la vérité et de la justice.

Loi sociale, parce qu'il ne possède rien en ce monde, qu'il se rend accessible à tous, répandant ses dons spirituels, et qu'il base sa doctrine sur la solidarité fraternelle autant que sur l'adoration du Père.

L'œuvre du Christ reste féconde éternellement parce qu'aucun lien, aucun intérêt terrestre n'a terni sa mission.

Nous ne croyons pas cependant que le dénuement soit indispensable pour atteindre à la perfection.

L'homme est créé pour vivre pleinement, en harmonie avec son développement physique, intellectuel et moral, avec la pensée profonde de l'ascension de l'âme vers la vie à venir.

De nouvelles preuves de la vie à venir nous seront données par la science, lorsque les chercheurs auront atteint les pôles des vibrations. Nous appelons « pôle des vibrations », les condensations fluidiques formées par les pensées veuillantes, lesquelles créent des courants perçus, reçus, et accumulés. Lumière, chaleur, nous l'avons dit précédemment.

Ce sont des lois transcendantes, immuables, qui nous régissent, en proportion des valeurs réciproques.


Les effluves pensants sont d'essence vivante; ils persistent; les tourbillons d'énergie, d'aspirations ébranlent les masses en attente, et, dans le vaste mouvement universel des êtres et des choses, créent l'harmonie et le perfectionnement.

La vibration est la clef de toute étude psychologique ou spirituelle. La cellule nourrie de notre chair baigne dans un fluide impondérable dont la présence crée la liaison et le milieu vivant impressionnable de chaque individu.

Les vibrations agissantes partent du cœur, de l'âme, de l'esprit et produisent l'amour, l'aspiration, la recherche et l'adoration.

Pour parvenir à son pôle et recevoir la clarté, la vibration doit être dirigée par ces agents esprit, âme, cœur. L'adoration serait le pôle le plus élevé, vient ensuite l'aspiration ou appel, suggéré par l'adoration même. Aspiration ou recherche de l'esprit pour rendre la vérité sensible.

L'amour naît de l'adoration et de l'aspiration; il s'étend du Principe Créateur à la créature.

La loi d'appel ou de propension vers la vérité se manifeste par la soif de progrès ou désir du meilleur. Dans la loi d'appel, les mouvements des cellules créent la mise en branle de l'être humain au fond le plus intime de sa nature et détermine l'onde aspiratrice dont l'émission rencontre l'onde inspiratrice.

Mais il importe de soumettre la réponse à l'élaboration intuitive, afin d'aiguiller sagement l'effort.

La science livre un trésor de certitudes à l'étude de l'action invisible rendue sensible par la photographie des radiations du corps, de la pensée même, par la prodigieuse Télégraphie sans fil, par les électrodes qui délimitent les organes internes, tous agents fluidiques intenses d'une origine mystérieuse.

Ces découvertes extraordinaires prouvent que tout fluide est un milieu vibrant, que tout milieu vibrant dégage des effluves, que ces effluves forment un rayonnement lorsqu'ils sont la projection de la pensée forte, qu'ils atteignent leurs répondants à travers l'univers.

Nous appelons ces répondants pôles attractifs. Ils sont nourris de nos vouloirs s'élèvent à travers les mondes pour servir la Cause première.

La science qui nous fait comprendre et réaliser ces lois est « religion ». Elle conduit à la perception de la Loi supérieure d'un principe vital dont s'alimente notre être, mais dont le mystère est impénétrable.

La Loi est une :

De tout homme, part un foyer dont les vibrations sont en rapport direct des efforts. L'effort vers le mal rattache aux couches inférieures terrestres, l'effort vers le bien ou vibration d'essence supérieure appelle la vie supérieure; vie supérieure, vies successives conduisent à une éternité dont s'effraie notre pauvre conception d'ici-bas; mais, de même qu'au soir d'un beau jour, la pensée s'anéantit dans l'ardeur du soleil couchant, de même (nous l'entrevoyons par intuition), après des existences dont nous aurons épuisé les tâches prescrites, les âmes fluidiquement unies accompliront d'élan leur fusion avec la Grande Ame de l'Univers.

M. C. DU COLLET.

CHARTRES. — IMPRIMERIE GARNIER

## DU MEME AUTEUR

*La voix recouvrée*, 2^me édition.   **3 fr. 50**

*La voix rééduquée*, Conférences faites au Conservatoire National de Musique de Paris.
**2 fr. 50**

*La voix posée fortifiée* à l'usage des institute s..................... **2 fr. 50**

*Méthode Naturelle scientifique* de pose de la voix. — Épuisée momentanément.
**10 fr.** »

PRIX : 1 fr. 50